U0129399

傅予世紀詩選

（精華版）

傅　予　著

文 史 哲 詩 叢
文史哲出版社印行

國家圖書館出版品預行編目資料

傅予世紀詩選 / 傅予著. -- 初版. -- 臺北市：
文史哲,. 民 109.11
頁,　　公分. -- (文史哲詩叢;150)
精華版
ISBN 978-986-314-537-0（平裝）

863.51　　　　　　　　　　　　　109018733

文 史 哲 詩 叢 150

傅予世紀詩選（精華版）

著　　者：傅　　　　　　　　予
　　　　　電　話 0932-259-900
出 版 者：文 史 哲 出 版 社
　　　　　http://www.lapen.com.tw
　　　　　e-mail：lapen@ms74.hinet.net
登記證字號：行政院新聞局版臺業字五三三七號
發 行 人：彭　　　正　　　雄
發 行 所：文 史 哲 出 版 社
印 刷 者：文 史 哲 出 版 社
臺北市羅斯福路一段七十二巷四號
郵政劃撥：16180175 傳真886-2-23965656
電話886-2-23511028　　　886-2-23941774

定價新臺幣二六〇元

二〇二〇年（民一〇九）十二月初版

詩 序

螢 火 蟲

你，是天上的星星

為了追尋那失落的夢

向人間流浪了

註：1955 年早期作品，四十年後，
　　在公元 2000 年秋，
發表於《台灣詩學季刊》第 32 期.

●傅　予

螢火蟲

你，是天上的星星
為了追尋那失落的夢
向人間流浪了

註：1955 年早期作品，四十年後，
　　　在公元 2000 年秋，
　　發表於《台灣詩學季刊》第 32 期.

自　序

筆釣一首詩

　　王國維《人間詞話》以詞境喻人生；古今之成大事業大學問者；必經三種境界：

　　1.『昨夜西風凋碧樹，獨上高樓，望盡天涯路。』(錄自北宋晏殊蝶戀花)此第一境也。

　　2.『衣帶漸寬終不悔，為伊消得人憔悴。』(錄自北宋柳永蝶戀花)此第二境也。

　　3.『眾裡尋她千百度，驀然回首，那人卻在燈火闌珊處。』（錄自南宋辛棄疾青玉案)此第三境也」。

　　「昨夜西風凋碧樹，獨上高樓，望盡天涯路。」這是獨具慧眼的大智大慧，人生閱

歷由三千弱水而獨取一瓢飲。

　　「衣帶漸寬終不悔，為伊消得人憔悴。」這是情有獨鍾後，鍥而不捨的執著，故能無怨無悔地為伊作牛做馬，而甘之如飴。

　　「眾裡尋她千百度，驀然回首，那人卻在燈火闌珊處。」那是走過千山萬水後的驀地「頓悟」。踏破鐵鞋無覓處後而水到渠成。

　　在文學中，詩創作的境界亦復如是，要多讀好詩，所謂「獨上高樓／望盡天涯路」中的第一境也，在多看多讀之後，便要多寫多創作，此之謂「衣帶漸寬終不悔／為伊消得人憔悴」。為詩痴狂而沉迷的第二種境界，當他踏破鐵鞋，走過千山萬水疑無路後，驀地回首，伊人卻在燈火闌珊處，此即第三種境界，所謂水到渠成而終于實至名歸。

　　《傅予世紀詩選》是筆者塗鴉穿越兩個世紀的時空。全書 101 首中，10 行內小詩有

76 首。佔本詩集 101 首中四分之三多，故全集仍以小詩為主。

本詩集六行內小詩為第一輯。

七至十行為第二輯。

輯三〈鐵路組曲〉4 首。輯中〈火車站〉作於環島鐵路完成之後，每個車站均是全線大圓圈中的一個小逗點，而無句點，以示現代詩創作苟日新，又日新，永無止境。

輯四中有四首均是「中華民國筆會」〈當代台灣文學英譯〉主編梁欣榮先生選拙作四首英譯，並分三期刊出。該筆會最初有胡適之，徐志摩等人在民初發起參與國際之組織，故將該入選的四首編列一輯！

輯五共有 21 首均是十行以上較長的詩，除〈血債〉一首外，多在「人間福報副刊」暨〈文訊〉月刊等先後發表過的。

本詩集多選自六年前的《籬笆外的歌聲》，該詩集曾由新北市政府文化局編列入

　　「北台灣文學作家作品集」並由該局出版，
除由北市府頒發獎金外，並另贈 200 本用資
鼓勵。惟因六年來又有新作發表，星散各
方，很想將自己一生塗鴉，自我感覺良好的
收編一集，作為紀念。以供自賞，並贈先進
好友，期以分享。是以《傅予世紀詩選》精
華版于焉誕生！

　　感謝蕭蕭教授在六年前，對筆者在十行
內的小詩，有如此深入性的批判，並對拙作
現代詩形式的取模亦寄與若干展望！

　　感謝詩人書法家張默先生題贈<破曉>
等 13 首小詩手稿，以及金門書法家呂光浯
先生題贈<宇宙>等 18 首小詩手稿，合計 31
首墨寶，因筆者年事已高，均已轉贈「國家
圖書館」特藏室收藏。

　　　　　　傅予寫于新北市浮洲橋畔望月樓
　　　　　　2020.12.14

傅予世紀詩選

目 次

輯一　小　詩

（6 行內 37 首）

1. 破　　曉

太陽用光敲醒了大地

－2013. 春

2. 時　　間

太陽一生的行程

－2005.01.01

3. 臍　帶

一座封閉的橋

—— 寫於 2003 年夏

4. 字　典

我們因陌生而認識

我們因瞭解而分手

—— 2003.09.06-

5. 燈

在黑暗地方

有我就有光明

我是太陽的分身

—— 2004 年作品

6. 路

晝夜躺在大地上

期待流浪人的腳

烙印下一串惜別的吻

　　　── 2000 年.小巢

7. 螢火蟲

你，是天上的星星

為了追尋那失落的夢

向人間流浪了

　　　附註：本詩寫於 1955 年冬，是一首早期
　　　　　　的作品，但在 45 年之後，卻被當
　　　　　　時的蕭蕭主編發表在 ──《台灣詩
　　　　　　學季刊》第 32 期 2000 年秋。
　　　　　　2014.01.19

8. 字

你懂得沉默是語言的語言

永恆地沉默著

給人類做最忠實的證人

—— 1953.03.16

附註：〈字〉是我的第一首詩，發表在 1953
　　　年 3 月 16 日覃子豪老師主編的《新
　　　詩週刊》筆名靈真。〈字〉是該期 (70)
　　　所發表拙作〈拾碎篇〉小詩七首中的
　　　一首，同期尚有鄭愁予的〈旅夢〉以
　　　及林泠的〈卜者〉等篇。

9. 咖啡與我

當酒不能醉我
茶也不能打開我的話匣子

只有一杯咖啡陪伴我，在窗邊
做一晌兒沉默的對話

—— 刊《人間福報》副刊，2010.07.20。

10. 吻

兩瓣舌尖的對白
溝通著語言中的語言

兩瓣舌尖的擁抱
妳把地球頓成了恆星

—— 2001 年《台灣詩學季刊》第 36 期。

11. 孕

一對凹凸基因的伴侶，　醉了

醉在春天的桃源洞裏（註）

醉成你儂我儂的永恆擁抱

醉成另一個生命的誕生

註：「桃源洞」原為陶淵明「桃花
　　源記」遺址。

──《中央日報》副刊，2002.08.29。

12. 雲　說

雲對風說—
不要小看我弱不禁風任你宰割

惹惱了，我可把藍天吞下肚子裡
再讓大地洗一個冷水浴

—— 刊《乾坤詩刊》51 期，2009 年秋季號。
2009.02.20 於小詩屋。

13. 牽　手

昔日，宛如一杯香檳

在杯弓蛇影中你儂我儂

如今，宛如一支手杖

在晚霞滿天中牽手徒步于斜陽

後記：寫於筆者與內人結婚 40 週年

紅寶石婚 紀念日。.

14. 瓶中臍帶

如果說黃河是孕育一個民族的胎盤
那麼長江可是擁抱祖國的一條臍帶
我痴痴地凝望著瓶中的一杓水
它可是剪自長江三峽的一截臍帶

後記：2001 年 7 月 28 日隨團遊於長江
　　　三峽，而攜回一瓶長江水，有感
　　　而作。

15. 一根白髮

從哪裡飛來了一朵白雲
躲在山巔的黑森林間小憩

是誰插上了一面白旗
飄盪在這揚帆出征的船上

　　—— 1953 年發現第一根白髮有感而作。

16. 夢

晝夜的人生，嫌短
造物者用夢彌補了它的不足

讓我們在黑白的輪迴中
孵出一個另類的人生

17. 繁　星

太陽，在黃昏之後－
在地平線的一個臨界點上

爆炸了……

它那亮晶晶的沙塵爆
撒滿了天空

　　── 本詩發表於《文訊》月刊，第 332 期
　　2013 年 6 月。

　　附註：小女亞玲暨其夫婿孫旭明，在
　　　　　2013.03.07 開車接我們夫婦同往
　　　　　武陵農場夜觀星象，並承台北市
　　　　　立天文台義工陳式華老師講
　　　　　解；一生難得一見的滿天星斗，
　　　　　璀燦星空！有感而作！

18. 床　叫

狂蜂浪蝶嬉戲一朵花蕊
纖纖十指撫摸一盤琴鍵

有那吱吱不斷地輕敲細彈

生命飄盪在雲端，　才會
唱出天籟不朽的音階

19. 四月的輪迴

昨天，　母親的兒歌仍在耳邊咿啞
今天，　兒孫的腳丫卻在頭頂踏青

一夜之間——

我看見了一個生命的誕生
也看見了一個生命的死亡

附註：本詩初稿 2004.04.04 兒童節.發表
於《中國時報》〈人間副刊〉因
在一夜之間有誕生、有死亡，故
在翌年清明節時，又修正定稿。

20. 醒

當臍帶剪斷
在一聲哇哇哭喊中
走進夢裡

當心臟舞罷
在兩眼合閉長眠中
醒了

—— 刊《創世紀詩刊》155 期。
2004 年於小巢。

21. 悟

一道千手晨曦

撫摸著大地

大地醒了

一響古剎鐘聲

棒喝了一聲

我醒了

　　　── 《人間福報》副刊，2008.07.22。

22. 圍　爐

除夕，遊子—

在天空
　在海上
　　在地上

製造一個塞爆的風潮，只為了
在今夜的爐邊不能沒有你

後記：2002 年除夕與妻對酌有感而作。

—— 刊於《人間福報》副刊，2011.02.01。

23. 在蘇花公路上

在太平洋波浪起伏的盡頭
遊覽車奔馳在一波波海浪蜿蜒的幽徑上

左輪子吻著太平洋的浪花前進
右輪子黏著百丈懸崖的腳跟爬行

大師傅掌控著全車生命的方向盤，劃
一條波濤洶湧的大弧線，凌空馭行

24. 終　局

雲在我的頭頂上
雲在我的腳底下
雲在我的懷抱裡

我踩在地球上漫步于太空
回顧人間，還有多少愛與恨?統統
埋葬在那一堆白色的墳墓裡

25. 鄉　愁

一片流雲
在那白色的畫布上
是誰，繪下我故鄉的圖影

一張落葉
在那憔悴的面容上
是誰，寫下我無言的詩句

　　　── 刊《人間福報》副刊，2011.11，11。

附言：

李白思鄉名詩是：

「床前明月光　疑是地上霜
　舉頭望明月　低頭思故鄉」

而我只能望海歌吟：

「天邊一片雲　故鄉一幅畫
　仰首望白雲　低首思家園」

26. 心　曲

縱使白雲的變幻是一首無常的詩
藍色的天空是一張無邊的稿紙，也
寫不了呵；我底萬縷情絲

縱使大海能唱起抒情的歌
無盡的波浪是無休止的音符，也
奏不了呵；我底心曲一聲

　　　── 1961.03.17

27. 蟬在哪裡

蟬在哪裡
蟬在一聲知了裡

蟬不在一聲知了裡
蟬在我的心裡

蟬不在我的心裡
蟬在無所在無所不在裡

—— 刊於《人間福報》副刊，2010.02.05。

28. 小　立

白雲小立於山峰

浪花小立於海濱

銅像小立於大地，而我

在時間之冥流上

悄悄地小立了

三十個剎那的春天

　　　　　── 寫於於 30 歲生日。

29. 宇　宙

在小無內的微塵裡
在大無外的太空裡

在一條沒有起點，也
沒有終點的時間的河流裡，有

許多星星點點，它叫
宇宙

　　── 刊《人間福報》副刊， 2011.04.13。
　　── 刊《創世紀》詩刊 168 期，2011 年.9 月。

30. 詩與畫

畫如貴婦——
真品只有一個難以複製
它只能金屋藏嬌讓人買不起

詩如蕩婦全裸紙上
真品可以無限量印
人人買得起

　　　　附註：2010 年在台北歷史博物館參觀梵谷畫
　　　　　　　展「燃燒的靈魂」，詩人余光中說：「梵
　　　　　　　谷的畫，生前沒有人看得起，死後沒
　　　　　　　有人買得起」。

31. 空

雲，　飄過

天空依然有雲

依然有雲不斷地飄過

人，　走過

人間依然有人

依然有人不斷地走過

　　　── 刊於《人間福報》副刊，2010.11.24。
　　　並蒙頂宇法師配圖。

32. 一朵笑靨

汗，灑在農夫的鋤頭上
鋤頭吻著大地
大地開花了，它那

纍纍金黃色的稻穗
綻放在農夫的臉上──
一朵笑靨

　　── 2014.09.06 於望月樓

　　註：讀李紳的〈憫農〉有感而作詩曰：
　　　　鋤禾日當午
　　　　汗滴禾下土
　　　　誰知盤中飧
　　　　粒粒皆辛苦

33. 陽元石

上帝用自己的形象創造了亞當

創造了神奇的「天下第一石」

夏娃在你身上找到了自己

從此，妳中有我，我中有妳

人類遂有了傳宗接代的一條根

註：2012.06.16 筆者與《葡萄園》主編台客
　　兄承蒙韶關《五月詩社》社長桂漢標邀
　　請，參加該社成立三十週年紀念大會，
　　會後翌日隨團參觀丹霞山的天下第一
　　石：「陽元石」(天然巨石酷似男性生殖
　　器官，頂天而立)有感而作，並攝影留念。

　　—— 2012.06.17 寫於韶關丹霞山

34. 陰元石

造物者用一根肋骨創造了妳

創造了神奇的「天下第一洞」

亞當在妳洞中找到了自己

從此， 陰陽合成一體

歷代的帝王和子民莫不在此而誕生

> 註：此一天然的怪石，叫「陰元石」(天然巨
> 石－女性生殖器官)亦在丹霞山上的另一
> 山邊.和「陽元石」遙遙相望，配成天造
> 地設的一對夫妻.亦予攝影並配詩留念.

—— 2012.06.17.寫於韶關丹霞山

35. 氣　象

上帝笑了

藍天脫光了衣服

露出一輪紅通通的光屁股

老天爺哭了

藍天穿上了黑袍

淚灑大地

—— 刊《乾坤詩刊》47 期，2007 年冬
星巢詩苑

36. 臉　書

在我滑鼠的掌控下
地球小得宛如一顆彈珠，在
我這方圓不盈尺的螢幕上滾動

讓許多我認識和不認識的朋友
彷彿跨越時空的星斗，各自
在這方圓不盈尺的螢光幕上相會

37. 床

你滿載著百萬雄兵

穿越愛的隧道，為了

登陸葫蘆島上的一個

碉堡

——《台灣詩學季刊》第 34 期，
2001 年春季號。

輯　二　放　下

（7 行至 10 行）

38. 放　下

放下，　放下我的愛
讓我輕如地球漫步於太空

放下，　放下我的夢
讓天邊的一顆星醉成了一道彩虹

放下，　放下我的生命
像露珠消失於晨曦下，又
像閃電消失於雷鳴中

　　　　── 刊《青年日報》副刊，2002.07.11。

39. 相，無相說

世界本無色 (註)
都是太陽惹的禍
太陽用光創造了五顏六色

創造了白天與黑夜
創造了美與醜， 又
創造了相，無相的論說，在
我的眸睫睜閉之間

註：般若波羅蜜多心經說：「色即是空，空即
　　是色」，是故：相，無相也.

—— 刊《人間福報》副刊，2011.03.25。
—— 《創世紀詩刊》2009 冬，161。

40. 尺之量度

有一把尺

我用它測量我生命在時間中的長度

原來，時間的長度卻在我的生命之中

有一把尺

我用它測量天堂和地獄間的距離

原來，它存在我上下心梯間的一個奈米中

── 刊於《文訊》月刊第 351 期，2015 年 1 月。

41. 母親的微笑

晨曦，親吻著大地
用萬丈光芒，展露了
大自然的一個微笑

母親，凝視著從她身體內
分裂出來的一塊肉

第一次抱在懷裡，展露了
一個人性光輝的微笑

> 註:1966 年 5 月 7 日小女夢曲出生於基隆省
> 立醫院，當她第一次被她母親抱在懷
> 裡，母親無限深情地凝視著自己懷中的
> 女兒，流露出初為人母那種充滿人性光
> 輝的微笑，讓我久久難以忘懷！故以詩
> 為誌。

42. 兩個我

一個我，是生命的主人
一個我，是生命的奴隸

一個我，活在形而下的肉體裡
一個我，活在形而上的靈魂中

一個我，向下沉淪於叢林中的幽谷
一個我，向上提昇與星月為伴

兩個我在一個肚臍上
分裂成兩半

43. 絲　路

不要問我桃紅鶯啼的江南春色
不要問我昨夜春風夢裡事

你可知道這裡是絲路
我正跌宕在一截悠悠的沙漠

這裡看不到落英片片的小徑
這裡聽不到扣人心弦的船歌

我想要的只是一杓水
滋潤我飢渴的喉頭

　　—— 2004 年夏，參加絲路之旅，作於
　　　大戈壁沙漠。

44. 葉　子

葉子，在樹上
在風的邀請下
窸窸窣窣，朗誦了
一首大自然的詩篇

葉子，在地上
在爛泥巴的陪葬下
你儂我儂，回歸於
一撮土報答它的樹根

—— 2004 年秋於福州鼓山

45. 足乳吟

在東方
千年的裹腳布在民初解放
三寸金蓮遂典藏入
故宮博物院

在西方
百年的乳罩在雙峰間雲遮霧罩
兩顆春筍，遂拍賣在
夏威夷裸體營的沙灘上

　　　　——《創世紀》詩刊 124 期。原詩題是：
　　　　〈裹腳布與乳罩〉。

46. 眉睫之間

當我的眸對着妳的眸
這世界變小了，小到
一個宇宙躲進了妳的眸瞳裡

當妳的眸對着我的眸
妳的眸子變大了，大到
有一個人俯泳在妳底眸海裡

呵，　天地之大
也不過是在妳我的眉睫之間

——《創世紀》詩刊第 153 期，2007 年 12 月。

47. 阿里山情歌

阿里山的雲兒，　飄又飄囉
阿里山的風啦像個郎喲

阿里山的雲兒像姑娘囉
阿里山的姑娘要出嫁喲

阿里山的風啦，吹又吹喲
阿里山的情郎迎新娘囉

晨曦晚霞做嫁妝喲
剪下彩虹送給郎囉

48. 霧，哈著九份

從山峰上
你凌空而下

海已漲潮，白浪滔天
半山腰蛇行的路
路上的車
　　車中的人⋯
淹沒了
窗內，我的眼睛淹沒了

> 後記：2008 年 10 月 31 日遊訪九份，
> 　　　因濃霧而感作！

> ── 刊於《乾坤詩刊》49 期，2009 年
> 　　春季號

49. 問　風

白雲問風
我是因你而流浪嗎

楊柳問風
我是因你而婆娑起舞嗎

葉子問風
我是因你而歌唱嗎

迷失方向的掌舵人問風
你現在吹的是東南西北啥子風呀？

後記：本詩寫於 2016 年綠色執政，
兩岸三通政策搖擺時期.

50. 影　子

影子誕生在陽光的擁抱下

影子誕生在黑白的交媾中

有一個影子

她闖入我底心湖裡

誕生在那思念漣漪的波紋中

影子消失在陽光的輕吻下

影子消失在黑白的統一中

有一個影子

她闖入我底心板上

卻變成一塊抹不掉的胎記

——《乾坤詩刊》32 期，2004 年
冬季號。2004.10.26 於小巢。

51. 星語錄

昨夜， 你用滿天的星斗

輕彈一首夜曲， 讓它

對我喋喋傾訴天上人間的秘密

猶如情人的悄悄話

今夜， 你用一串星光

點亮了一盞生命小燈， 讓我

在這茫茫的夜之海裡

辨認出東方魚白的方向

　　　　　── 2000.01.20 於小巢

52. 尋夢曲

流螢
為了追尋那失落的夢
點燃生命的小燈，在
小園漫步

星星
為了追尋那失落的夢
不禁失足，向
人間流浪了

　　── 初稿於 1954.05.17；2000.06.06
　　端午節修正於雨港小巢。

53. 絕緣體

蜘蛛在我信箱的嘴巴上築巢
門鈴躺在盲啞醫院的安寧病房裡
手機夢見周公有說不完的情話
電子郵件失聯在太空的網站上

老狗蹲在牆角守望著一
牆壁上的鐘擺如何盪鞦韆
斯人已遷移戶籍到這地球的經緯度外
因為他已變成這地球村中的一個絕緣體

—— 刊於《人間福報》副刊，2010.10.06。

54. 喜　訊

綠衣人像一個飄動的春天
當他匆匆地走過我的窗邊
他又像是來自天國的使者
悄悄地投下了一封藍色的小簡

悄悄地投下了一封藍色的小簡
他又像是來自天國的使者
當他匆匆地走過我的窗邊
綠衣人像一個飄動的春天

　　　　註：1959 年早期作品，本詩為懷念
　　　　海外一位筆友而作。

55. 兩手空空

捷運站內小立
一波波人潮聚散如潮汐

而兩手空空者，竟是
坐在車中車的小娃娃們，其餘

趕路人，即使是落髮的小沙瀰，也
依然放不下她的布袋包袱，而我

只是在想甚麼時候我也兩手空空
如同車中車的小娃娃們沒有了包袱

—— 刊於《人間福報》，2010.03.22。

56. 沙　漏

地球自轉了一週
太陽用光切出
畫與夜
我
跌宕在
時間的沙漏
讓生命在漏斗中
失
落

—— 2008.07.07

57. 眸睫事件

當妳悄悄地關閉了那扇黑色的百葉
是誰被阻擋於天堂的門檻
讓一隻歸巢的燕子
迷失在春天裡的沙漠

當妳悄悄地開啓了那扇黑色的百葉
是誰呀，正裸泳於妳那藍色的眸海
讓一隻歸巢的燕子
竄入一座叢林中的果園
　呢喃一篇古老的故事

　　── 2003.01.10.於小巢

58. 剎那的永恆

一朵白雲，停格在一座山峰
一道閃電，停格在一響雷鳴
一滴水珠，停格在一簾瀑布
一首小詩，停格在一部電腦

一尾精蟲，停格在一粒卵子
一粒卵子，停格在一個生命
一個生命，停格在一塊墓碑
一塊墓碑停格在
大自然數位化的檔案中

—— 刊《台灣日報》副刊，2005.05.22。

59. 角度的變化

我擁抱晨曦，直角 90 度的凝望
一條被日出拉長的影子
角度創造了一個虛胖的碩影

我頂著太陽，平角 180 度俯視
被正午陽光濃縮成一點的孤影
我才看到自已的渺小

我揹著落日，大周天 360 度仰望藍天
藍天上我已看不到太陽
我也看不到我自已

　　　　　── 刊於《文訊》月刊 375 期，2017.01.01。

60. 柳

你的髮

在情人溫柔的撫摸下

讓生命在春天裏， 激盪起

一波波高潮的飛揚

你的手

在大地春光的誘惑下， 而

不斷地下垂、下垂

讓生命在春天裏， 向下沈淪

為了想觸摸一下

她那滋嫩的肌膚

附記：詩人劉建化先生將此詩編選入《詩人
　　　彫像》，2006 年 12 月詩藝文出版社
　　　出版。

61. 冬　眠

歲月跌宕在「夢土上」（註）

從 1957 年冬眠了半個世紀

蠹蟲蠶食夢土國境的邊界

陽光，透過雲層，摩挲著

片片發黃的葉子

陽光，透過雲層，照耀著

朵朵不凋的花蕊

一個賞花人小立于花前

從縷縷青絲，站成了

「白髮三千丈」

後記：

　　《夢土上》是詩人鄭愁予先生的第一本詩
　　集，1957 年夏蒙贈該書於基隆雨港，塵

封逾半個世紀.2003 年 11 月適逢第 23 屆
世界詩人大會在台北召開,有幸同團遊
于花蓮,得以重睹故人風采,惜均已古
稀之年,七年後又因參加詩會,故在安
徽九華山再度重逢,返台後復相約同遊
「台北 2010 世界花卉博覽會」于圓山.
不勝感觸人生的蒼桑,在轉瞬間青絲變
白髮猶如昨!而今,就讓我們在〈野店〉
的岔路上〈交換著流浪的方向〉吧!

── 2010.12.31 除夕補註於摘星樓

62. 芻 狗
—2008「512」四川大地震紀實

老天爺
你不要生氣吧，因為
你打一個噴嚏
喜馬拉雅山長高了九公呎
聖母峰更靠近了天堂

老天爺
你不要打瞌睡吧，因為
你打一個哈欠
萬物在一個瞉觫的顫抖中
變成了芻狗

後記：2008.05.12 四川發生芮氏 8.0 世
紀大地震，死亡人數逾八萬人，
震央汶川已淪為廢城，天府在一
夕之間，淪為人間地獄，真是天
地不仁，以萬物為芻狗.因而有感
而作！　　—— 2008.06.02.小巢

63. 我願化作微風

當妳倚欄輕唱

黃鶯般的歌聲迴旋於天上

我願化作微風

讓微風伴和著歌聲

在這人間飄盪

當妳顧影默嘆

淡淡的愁思迷漫在心上

我願化作微風

讓微風伴和著思潮

吹開了你的心幔

　　　—— 1953 年早期作品。

　　　——《葡萄園》詩刊第 26 期。

64. 偶 像

朝夕供之，日夜拜之
因為你的名字發亮

因為你的名字發亮
令人目眩神迷，而看不清
是一顆珍珠，抑是
一粒鼠屎

而你，卻讓人 ——
朝夕供之，日夜拜之
一粒鼠屎，卻拜成了
一尊偶像

—— 《葡萄園》詩刊第 173 期，2007 年。

65. 方　向

人會走路
鳥會飛翔
飛翔與走路皆有方向

雲，以風定方向
候鳥以季節定方向
老鷹以獵物定方向
流浪人以天涯定方向

一朵天堂鳥
對它植根的土地說
你是我終生離不開的方向

——刊《台灣日報》副刊，2005.03.18。

66. 鳥　巢

鳥巢不在樹上
鳥巢在中國首都的大地上

鳥巢不是小鳥的窩
鳥巢有九萬隻來自世界各國的和平鴿
為了展現人類奧林匹克的精神
九萬隻鴿子歡聚在一個鳥巢裏

同一個鳥巢同一個世界
同一個世界同一個夢想
同一個夢想歡唱同一首歌
同一首歌「大家都是一家人」

後記：本詩是 2008.08.18.寫於北京奧運
　　　主體建築物「鳥巢」，可容納觀
　　　眾九萬人，同年刊北京詩刊。

67. 詩人之不朽

詩人之不朽

借石頭以留名（註）

不朽寫在大自然的景觀中

巧奪天工與天地同儔

寓剎那于永恆中

凡人之不朽

借白雲以留詩

不朽寫在藍天上

一道閃電不朽消失於瞬間

寓永恆于剎那中

—— 刊《文訊》月刊 357 期，2015.7.1。

註：因從臉書上看到若干詩人刻詩于大自
　　然的石頭上，有感而作。

68. 網

鳥籠，是鳥之網
魚缸，是魚之網
紅塵，是人之網
天堂地獄是靈魂之網

當我逃出囚居半個世紀的塵網
回歸田園，我又看到了
楚河漢界的棋盤
我又看到了山寨林立的地盤
在一片刀光劍影的吆喝聲中
我又看到了一面天羅地網

註：退休後與詩續緣，但仍感嘆人生難
　　逃塵網。

69. 愛，因為有你

― 為甲午年金婚伉儷而作 ―

太陽用光敲醒了大地

世界是如此地美好

生命是如此地可貴

一株枯萎的小草，在

一滴露珠的滋潤下

而復活了生命

太陽用光敲醒了大地

世界是如此地美好

愛情是如此地可貴，在

幾度夕陽紅的路上

「執子之手，與子偕老」註

註：語出「詩經」擊鼓篇，即相伴到老之意.

附記：2014.06.15 是筆者與內人結婚 50
　　　年的金婚紀念，

特以本詩祝賀，普天之下的金婚伉儷：

「執子之手，

　　與子偕老」．

70. 美麗的力量

── 獻給台北 2010 世界花卉博覽會 ──

瞬間，一片花海走進了我的眼簾
那是一片天上人間最美麗的圖案
它從造物者的手中，移植到
我心靈深處的一塊土地上

當我站在 2010 台北的花博園裡──
讓我看到花是如此地美麗，而
在每一個賞花人的心中，誕生了
一朵永不凋謝的「美麗的力量」

── 刊人間福報副刊，2010.01.25

附註：本詩為台北 2010 年世界花卉
博覽會開展而作.

71. 誰説藍天是永恆的沉默

誰説藍天是永恆的沉默
誰説白雲飄泊沒有家園
誰説大海又在演奏一支古老的悲歌
誰説我有古典式的憂鬱

你可曾聽到午夜靜極的天籟
你可曾看到雷雨中白雲的歸宿
落葉的聲音是誰低微的歎息
在彌留輓歌聲中有星辰殞落

—— 發表於《葡萄園》詩刊第六期，1963 年。

72. 鏡　子

你，為了別人
　而埋葬自己

你，為了埋葬自己
　而誕生了別人

—— 2002.02.02

輯三　鐵路組曲（4首）

73. 火車站

你是環島一圈裡一個中間站

沒有起站
沒有終站

你是這大圓圈裡的一個小逗點

　　── 本詩作於 1996 年 6 月 9 日鐵路節，
　　　環島鐵路通車之後。

74. 電　線

霹靂的長腳呵
你踩到那裡

那裡的天涯呀，　也
變成咫尺之家

—— 1996 年 6 月 9 日鐵路節

75. 電　桿

矗立的十字架

在風中

　　在雨中

插遍了

城市

　　鄉村，與

曠野……

沉默如標兵，守護著

每一輛列車到達終點

　　　　—— 1996 年 6 月 9 日鐵路節

76. 鐵　軌

你是兩點之間的一個平行線

猶如兩條巨大的手臂

不分晴雨，不分晝夜

永遠沉默地擁抱著大地

你是兩線之間的一條大動脈

宛若一條巨大的血管

沒有白天，　沒有黑夜

日夜馳聘在多少遊子各自回家的路上

—— 1996 年 6 月 9 日鐵路節

輯四　中華民國筆會選輯

（4 首英譯）

77. 場　景

一個鐘擺的效應似乎在告解——
生命存在於分分秒秒中的無奈
輪迴於壁上的掛鐘，「的噠」
一個永恆的嘆息
它似乎在控訴那三隻長短不一的小腳
永遠跳脫不出一個如來的掌控

屋內四腳的傢伙羨慕兩腳的主人
他能夠不時跨出門檻拜訪陽光，吻吻
多少光年才能到達地球上一道陽光的腳印
兩腳的主人卻羨慕四腳的傢伙，因為
當他走不動的時候，它卻依然能夠挺立著

瓶中，哭泣的杜鵑花正裸露她昨夜青春的尾巴
含笑的江山在盆景中展示中華錦繡河山的縮影

哭聲與笑聲，交響著天籟的二重奏
它似乎要裂解北極冰山的厚度
書桌上的地球儀，正旋轉著
我在太平洋一個小角落的島嶼上
一聲無解的嘆息，正落幕于
這一個無奈的場景

—— 刊《人間福報》副刊，2011.01.13。

中華民國筆會.當代台灣文學英譯
2013 年第 164 期轉載

78. 幽　谷

日頭，從黃昏到黎明，宛如
穿越一條地軸的隧道
讓片片晚霞碎成了星星點點
它，走過了宇宙的幽谷

生命，從手術房到加護病房
昏迷在麻葯的催眠中
讓刀刀割除了粒粒黑色的殺手
他，走過了生命的幽谷

愛情，從第一封情書到最後一封訃聞
一顆心在邱比特神箭的穿刺下
讓縷縷情絲斷成了夢夢幽魂
他，走過了人間的幽谷
信仰，從伯利恆到印度的伽藍寺

在「天國近了」，和「阿彌陀佛」的梵唱中
迷失在一條通往天國的大道上
讓靈魂飛越一座死亡的幽谷，而
甦醒在一株菩提樹下的空巢
生命，走過了我的一個幽谷

── 刊《人間福報》副刊，2010.12.16 刊。
中華民國筆會，台灣英譯
2018 年 No185.

79. 詩路三轉

當我十七十八時
詩，我要把它寫在一張情書上
那是一首祇要我喜歡－
有什麼不可以的飆詩

當我三十四十時
詩，我要把它寫在各種傳播媒體上
因為，我期待掌聲，或是噓聲也好
那是一肚子不甘寂寞的吶喊

當我七老八十時
我的詩，已不像詩了
因為，所有的掌聲和噓聲
都變成佛陀口中的梵唱

　而網路上的飆詩，以及
　那不甘寂寞的吶喊，也
　飆成一夜繁星
　沉默的留言

　　　　　── 原刊《傅予詩選》秀威出版社 2009 年

　　　　　── 中華民國筆會，當代台灣文學英譯 2013
　　　　　　　年第 164 期轉載。

80. 與癌共舞

親愛的叛徒
當你在基因突變的第一瞬間
一個小小細胞的分裂，卻
釀成一個人身體上的大革命

親愛的叛徒
你是我肉中肉骨中骨最親密的伴侶
多久以來？我倆——
相擁共眠
　　婆娑共舞
　　　歡樂共笑
　　　　嚎啕共哭
　　　　生死共棺
我倆可是一對生死之交

親愛的叛徒
你讓上帝在醫生的口中，　對我宣判：
醫學上一個死刑的代名詞 ——〔癌〕

我倆是何其陌生，可是
我倆又是如此地親密
我倆是孿生子， 抑是
不可分割的連體嬰
親愛的叛徒
放下屠刀吧，不是要成佛
而是想輕輕地握一下你那雙黑色的殺手
它是如何消滅和你本是同根生的同胞兄弟
它是如何消滅生你養你的衣食父母，讓他
在人間蒸發，偕汝同亡

親愛的殺手
我倆相互擁抱在手術台上
我倆在刀光劍影的宰割下
我倆纏鬥在陰陽路上
勝負恭請上帝裁判—「阿們」

　　後記：2007 年是我生命之戰中「與癌共舞」
　　　　　的一年，同年 10 月 2 日在三總醫
　　　　　院達文西機器手臂下而割除，本詩
　　　　　〈與癌共舞〉 是我生命之戰，在
　　　　　轉折中而留下的一個印記！

　　── 原刊《創世紀詩刊，2007 年第 152 期。
　　── 中華民國筆會，當代台灣文學英譯 2010
　　　　年第 151 期轉載。

輯五　我的名字寫在水上

81. 我的名字寫在水上

我的名字寫在水上

我的名字寫在水上
寫在長江的後浪前浪上
剎那間
它消失在白浪滔滔裡

我的名字寫在藍天上
寫在滿天晚霞的一朵白雲上
剎那間
它消失在茫茫的暮色裡

我的名字寫在太陽上
寫在時間的鐘擺上
它如同太陽
永遠在東西兩極間擺盪

我的名字寫在地球上
寫在時間的指針上
它如同地球
永遠環繞著太陽趴趴走

2006.8.8于《星巢詩苑》

傅予

圖 4 文如圖示：

本圖：淡江夕照，攝于 2005 年夏。

— 刊於《創世紀》詩刊 149 期，
2006 年 12 月

82. 填充題

圖 5.（文如圖示）

本圖係小女夢曲攝于舊金山外海郵輪上

83. 一首小詩的誕生

一個往生者
他仰望著「生命監測器」中的孤影，在
通往天國的階梯上
浮　　沉
而寫下了一首小詩

一片葉子
它用生命枯萎的殘骸
親吻着大地，
而寫下了一首小詩

一粒種子
在大地下窸窸窣窣，彈奏著——
一顆胚芽蹦出大地的樂章
而寫下了一首小詩的誕生

　　　　── 刊《台灣日報》副刊，2006.01.10。

84. 我送你一首小詩

我寫了又寫

從一行寫到十行

寫到百行，千行，萬行……

最後我的詩不寫在紙上

我把它寫在春天的腳底下

我把它寫在一朵玫瑰的花瓣上

我送你一首小詩

我改了又改

從一百行改到五十行

改到十行，五行，三行

最後改成一行一個字

它依然不能表達我的情意

我只好把它寫在我的心裡

它的讀者只有一個你

── 本詩選入《半世紀之歌》葡萄園詩刊

創刊 50 週年紀念專集

85. 一朵花的聯想

「一朵花裡有一個天堂」註
從天堂開始聯想——
一朵花，由含苞待放
而裸露它最隱私的地帶
而綻放它最美麗的一刻
而招蜂
　　而引蝶
　　　而採蜜
　　　　而播種
　　　　　而枯萎
　　　　　　而凋謝………
而一瓣一瓣的復歸于土

在如斯花開花謝中
我看見大自然間的一個輪迴
它見證了造物者兩個神奇的創作
一個是花

一個是女人

這兩個世界上最美的東西

最容易讓人聯想在一起

最容易讓人聯想在一起

花，女人

女人，花

從兩個不同的生命，

聯想到美學上一個相同的創作

從天堂裡的一朵花

聯想到人間的一個俏妞兒

又一個另類的聯想

從一根神經的末梢

浮

　起

── 刊《台灣時報》副刊，104.04.12。

86. 一朵白雲的故事

誰說白雲飄泊沒有家園
誰說藍天是永恆的沉默
誰說大海又在演奏一首古老的戀歌
誰說彩虹跨越海峽是一座美麗的橋

你可曾聽到午夜靜極的天籟
你可曾看到雷雨中白雲的歸宿
而我卻看見了大自然的一把萬弦琴
它從天上演奏到人間
為了洗滌大地的污濁，抑
為了這凹凸不平的人間而泣訴

烏雲釀化成豪雨
豪雨挾帶著土石流、蛤蠣和屍塊……
在板塊擠壓的斷層上

時間用巨掌磨合一次偶然

萬古的幽靈遂在那兒控訴

控訴一朵白雲和一簾瀑布－

輪迴的故事

　　── 刊《青年日報》副刊，2004.4.24。

87. 海　葬

當妳回顧，黑眸
流星也似地飛馳在夜空裏
我想藍天有一個秘密
在妳那星也似地眸海底下

當妳微笑，紅唇
花也似地綻開在酒潭之畔
我想春天有一個秘密
在妳那花也似地酒潭之畔

當妳歌舞，柳腰
風也似地迴旋在仲夏夜的夢土上
我想夏夜有一個秘密
在妳那風也似地姍姍腳上
臨別，當我俯吻

妳腮上一顆晶瑩的淚

我己醉成一尾迷思的小鰈

他正裸泳於妳那藍色的眸海裏

為了追尋一個秘密，而

海葬

──刊《乾坤詩刊》19 期，2001 年
秋季號。

88. 尋根記

我來到一條似曾相識而又陌生的路上
徘徊又徘徊
痴痴地尋找我那曾經留下的腳印
呵，你可曾聽見一顆久違半世紀的心跳

我來到一個我夢中童年的池塘
池塘卻變成了一座高樓的大廈
樓中飄出巴哈的變奏曲
我卻聽成夏夜裡的蛙鳴與蟬叫

我來到昔日老松樹的樹蔭底下
迎接我的卻是一團大如圓桌的大樹根
我夢中的故鄉呵，你在那裡？
回答我的是老樹根底下一把濃濃的鄉土味

　　　── 刊《人間福報》副刊，2012.03.30。
　　附註：本詩是筆者任公職退休後
　　　　第一次返鄉，有感而作.

89. 碼 頭

碼頭在大海的盡頭

讓漂泊的船

在此彎靠

碼頭在道路的中繼站上

讓燃油將盡的車輛

在此加油

碼頭在大樹的小巢裡

讓倦飛的鳥兒

在此棲息

碼頭在墓誌銘的石碑底下

讓走完這一生的人兒

面對天堂與地獄的岔道上

在此分道揚鑣

—— 刊《珠海特區報》海天版，2004.12.26

後記：2004 年筆者隨團于吐魯番戈壁灘及
　　　火焰山等處，撿到一石狀似在崖邊
　　　的一座小碼頭，嗣于海拔 1980 公尺
　　　天池上拙成本詩，以誌留念。

90. 水

水， 往下流
為了到處流浪

水， 往下流
為了追求平等

水，往下流
為了傾聽大地的心跳

水， 往下流
為了洗刷大地的污濁

水， 有時候也能靜如禪坐
它讓我看見了我自已， 也看見了
我在九寨溝的五彩池裡

—— 刊《人間福報》副刊。2007.12.06 初稿，
2014.07.04 修正定稿。

91. 對　酌

對酌，在輕濤拍岸聲中
對酌，在港濱的小灘上
對酌，在滿盤的落花生如滿天的星斗中

我們醉臥「夢土上」(註)
我們在「尋夢曲」中歌吟
彷彿已浪蕩到另一個疆域
我們不再論詩吟詩，因為
那最佳的詩品
就在這晶瑩如血液的美酒中
就在我們喚星邀月的舉杯中
　寫盡
寫盡

暮秋的楓葉

在燃燒的血液中飄盪

港都的春色

在我們的夜光杯中閃爍

滿盤的落花生如滿天的星斗

一顆顆，一粒粒

　　你一顆，我一粒

在酩酊中我們再次舉杯邀月

喝乾啦，飲盡那滿天的星斗

喝乾啦，爬呀，爬呀，過山河

爬呀，爬呀，過山河……

——1957.09.09 寫於雨港

註：《夢土上》是詩人鄭愁予的第一本詩集。

92. 剃　頭

造物者用萬年冰刀，在
珠穆朗瑪峰的頂上剃頭
從此──
它那白髮蒼蒼的頭呀
再也不用剃了，除非
北極的冰山崩解

老禪師用一把戒刀，在
小沙彌的頂上剃頭
剃去三千煩惱絲
剪斷七情六慾的枷鎖
遁入空門，雲遊四方
相，無相也

秋風如剪

剪落枯黃的落葉

剃光夕陽斜暉下的禿樹

冬眠一季，等待

春風一度，又

開花了

歲月在我們生命的頂上「剃頭」

在不到 36500 個日子的輪迴中

日出，日落－

日落，日出的剃頭

剃，剃，剃……

從搖籃剃成了一抔土

　　　　── 2014.10.31.於浮洲橋下望月樓

93. 百年後

百年後－
貓依然會叫春
海浪依然輕吻著沙灘
阿里山的櫻花依然會怒放
一棵詩心依然寂寞
聖母峰依然最靠近天堂
地球，依然繞著太陽跑，但是－

百年後
這地球上的人類已經重新洗牌
祇有遺傳的基因，活在播種人的身上

百年後
這人間六十億人口的戶籍
有多少遷往天堂，又有
多少沉淪於地獄

—— 2010.05.05

94. 望　月

昨夜，

我在淡水河畔望月

月光輕吻着我的臉頰，如同

千百年後，月光輕吻這塊土地上

子子孫孫的臉頰

今夜，我在

萬里長城上望月

月光輕吻着我的臉頰，如同

千百年前，月光輕吻這塊土地上

列祖列宗的臉頰

昨夜

　今夜

彼岸

此岸

兩岸月光依然如舊

兩岸月光依然──

照古人

也照今人

兩岸月光依然有初一，十五的

圓

缺

後記：

2008.08.16 筆者搭直航飛機往北京
觀賞奧運 (舊曆七月十七日)，夜遊萬里
長城，獨上城樓，皓月當空，滿月如盤，
感悟同一個月亮，照今人，亦照古人。

95. 人　物

掀開歷史的紀錄

人物在書中

他活在文字的堆砌中

走過藝術家的畫廊

人物在畫中

他活在光采的輻射中

瞻望大地上的銅像

人物在風雨中

他活在諸多風景的點綴中

編織半個世紀時間的留影

人物在夢中

她霸佔了一個人的心宇

　　　　──《乾坤詩刊》20 期，2001 年冬季號。

96.「退稿」有感

案頭上
有台灣詩壇大老鍾鼎文先生的留言：
「寫一首比自己生命更長的詩」

檯燈下
那些讓人看懂又看不懂的作品
多如過江之鯽

信箱裡
唉，即使穿越窄門又有誰能躍上龍門
在那時間的長卷中補白

于是乎
在一聲嘆息中讓一根火柴，在
燃燒中物化于大地

—— 2014.0.06 於望月樓

97. 寫一首比生命更長的詩
—— 敬悼台灣詩壇百齡大老鍾鼎文先生

您的〈登泰山〉
讓我在泰山下仰慕 ——
站在泰山頂上的您

您的〈牽手〉
寫盡了天下有情人的山盟海誓 ——
在一對鶼鰈情深的手牽手中

您的〈留言〉是上帝的聲音 ——
將愛留給世界，將恨帶進墳墓
祈禱的手宛如大樹伸向天空
含淚的眼睛猶如繁星俯瞰着大地

您的一句不朽的名言：

「要寫一首比生命更長的詩」
已寫在每一個詩人的心中，它
變成了繆斯座上的一個座右銘

—— 2012.10.27

《文訊》月刊 328 期，2013 年 2 月。
　附註：〈登泰山〉、〈牽手〉暨〈留言〉
　　　　等均是詩人鍾鼎文先生的名作。鍾
　　　　老壽登百齡仙逝，但是他的作品已
　　　　做到比他的生命活得更長了。

98. 一朵不凋的笑靨

黎明，太陽用光敲醒了大地
我敲醒了一夜死去活來的自己
我才看到這世界是如此地美好
我不禁對著窗邊的一道晨曦微笑
笑出了快樂的又一天

正午，太陽用光擁抱著大地
我擁抱雙腳下的一個縮影
我才看到自己的渺小
我不禁對著腳下的一束孤影微笑
笑出了一個「相，無相也」

黃昏，夕陽從絢麗歸於平淡
放下，放下，放下──
存在就是一首最好的詩

我又不禁對著一抹斜陽微笑

笑出了一朵不凋的笑靨

—— 2019.09.09 重陽節文訊專刊

99. 血 債

── 第二次世界大戰日本侵華史實

一顆頭顱己讓我震驚，但

呈現在我眼前的，不是

血淋淋的一顆，也不是

三顆頭顱，更不是

三十顆

　三百顆

　　三千顆

　　　三萬顆，而是

三十萬顆堆積如山的頭蓋骨 (註1)

三十萬顆頭顱，是

日本武士刀下的祭品

三十萬顆頭顱，是

日本帝國主義侵略者

在南京大屠殺的鐵証如山

三十萬顆頭顱

已分不出

男

　女

　　老

　　　少

更分不清那顆頭顱是在武士刀下

被迫輪姦後而慘死

三十萬顆頭顱

　有三十萬個不同的故事

三十萬顆頭顱

　有三十萬個被毀滅的家庭

三十萬顆頭顱

　有三十萬種不同哭泣的聲音

三十萬種不同哭泣的聲音

在同一面哭牆上哀嚎着，捶打著（註2）

三十萬種不同哭泣的血淚

　在同一面哭牆上流淌着

三十萬個被毀滅不同的家庭

　在同一面哭牆上圍聚着

追悼同一個國殤事件

三十萬個不同的生命

　流淌著同一個中華民族的血液

三十萬個不同的生命

都是在日本武士刀下慘叫聲中而死亡

三十萬個不同的生命，都是

在日本帝國主義侵略者的狂笑聲中而死亡

三十萬個不同的生命

都是用最後一滴血，寫下了

中華民族歷史上

血債的一頁

—— 刊《新黨月刊》第 124 期，民國 92 年

4 月號。

註：

（1）筆者于 2002 年 4 月 20 日隨團參觀「南京大屠殺紀年念館」館內展覽第二次世界大戰，日軍在南京對我同胞大屠殺後堆積如山的頭蓋骨，據統計約有三十萬人。

（2）大屠殺遇害遺屬，常來此牆，哭倒在一座刻滿蒙難者姓名的碑牆前，家屬哀思而哭泣，故日【哭牆】。

（3）返台後因悲痛而作此詩「血債」，並刊於新黨月刊 124 期(民 92 年 4 月號)

（4）筆者於 2020 年 9 月中在手機上看到全統會會長吳信義先生轉載華裔張純如女作家為「南京大屠殺」，這本書而結束自己的生命，而震撼全球！衷心有感，亦以此印證日本侵華之史實。

—— 2020.09.14

100. 收　攤

裸奔在我書架上的,是一隻
燃燒自己靈魂的<螢火蟲>
牠在尾巴上輻射出一道微弱的光芒
發亮在我這個小小的庭院中

「123」個跳躍的音符(註)
是 123 顆形而上看不見的「舍利子」
在一個環保的屍袋裡
找到了安息

有誰聽過伯牙與鍾子期的故事
有誰聽過那一聲斷弦裂帛的絕響
有誰聽過高山流水潺潺的旋律,宛若
天籟的樂章,在這人間迴盪

一個雙手空空的小沙彌

佇立在海市蜃樓裡梵唱

他卻不知道這個酒店

早已打烊

註：「123」指筆者《螢火蟲》詩集上
　　的 123 首詩篇.

101. 跨　年

時間踩著貓的腳步
用一個秒殺切割出
人類歷史上的一個紀錄

跨越這一秒鐘——
時序的輪迴從零開始
跨越這一秒鐘——
就是二個不同的年代
跨越這一秒鐘——
千禧年的傳遞就是兩個不同的世紀

在歲末零時零分的零秒上
在台北地標「101」的廣場上
夯聚了百萬人民的夜貓族
為了一個秒殺的紀錄
為了一個天塹的跨越
多少人在瘋狂地守候

多少人在瘋狂地等待
等待一個天塹的跨越
等待一個美好的未來
時序的輪迴已開始倒數計秒
—10,9,8,7,6,5,4,3,2,1

驀地,在 101 的每一個樓層中,同步
爆開了千千萬萬億億朵
絢麗璀璨的煙花
爆開了一個剎那就是一個永恆
爆開了在百萬人民的嘴巴裡
齊聲喊出——
「新年快樂」

　　　　附註：筆者在台北地標 101 廣場前,除夕煙火
　　　　　　　演出最盛況的時候,參與了這個盛會。
　　　　　　　當時媒體號稱參與人數在百萬人左
　　　　　　　右,是台北一年一度最壯觀的一個聚
　　　　　　　會。大家早在除夕下午二,三點鐘的時
　　　　　　　候就陸續前來佔位。守候十個小時,只
　　　　　　　是為了那 10 秒鐘的讀秒,一睹億千萬
　　　　　　　朵一場絢麗璀璨的煙火秀演出,台北百
　　　　　　　萬市民在一個秒殺中完成了一個〈跨
　　　　　　　年〉的腳步！

附　錄

斟酌了六十年的傅予小詩

·蕭蕭·

　　2014 年，由白靈發起，《台灣詩學》季刊社聯合了《創世紀》詩雜誌社、《乾坤》詩社、《衛生紙》詩社、《風球》詩社，以及《文訊》雜誌社，發起「2014 推動小詩風潮」的工作。這一年，不屬於這六個社團、詩齡超過六十年的傅予先生，適時出版了《傅予小詩選》，彷彿呼應著這股小詩書寫的風潮。

　　從 2013 年中葉開始，傅予就先後寄了六個修訂又修訂的《傅予小詩選》的不同版本給我，我目前根據的是 2013 年 12 月 27 日修正的、他稱之為「3a 版傅予小詩選」（99 首），用以對照的是 2013 年 8 月 5 日的「AA 版傅予小詩選」（110 首）。傅予寫作小詩極早，根據「AA 版」他的第一首詩是三行的〈字〉，發表於 1953 年 3 月 16 日覃子豪老師主編的《新詩週刊》第 70 期，當時用的筆名是靈真。這首詩在後來的「3a 版」已被刪去，原因不明。其實此詩具有史料價值，在這篇小論中，我想先提出來

供大家欣賞：

> 　你懂得沉默是語言的語言
> 　永恆地沉默著
> 　給人類做最忠實的證人

　　字是無聲的語言，字是人類（不是所有的人類）獨具的語言，所以她最懂得沉默，是人類最忠實的證人，紀錄了這地球上人類所看見、所思慮、所創發的文明進展。就詩意而言，極有內涵，雖是初作，但在六〇年代、且經過覃子豪老師鑑定，已能傳達一首小詩應有的負載。比起六十年後，傅予發表在《文訊》雜誌第 332 期（2013 年 6 月）的〈繁星〉，並無遜色。

> 　太陽，在黃昏之後——
> 　在地平線的一個臨界點上
> 　爆炸了……
> 　它那亮晶晶的沙塵爆
> 　撒滿了天空

　　〈繁星〉由日夜交替寫出了星星是太陽爆炸後的晶亮此一奇特想像，屬於現象界的觀察與摹擬，〈字〉則傳達了寫作者共同的、永恆的寂寞感。尤其「沉默」這樣的字眼在傅予自己的詩中，一再出現，如書法家呂光浯、張默都曾抄錄、回贈的〈咖啡與我〉一詩：

當酒不能醉我
茶也不能打開我的話匣子

只有一杯咖啡陪伴我，在窗邊
做一晌兒沉默的對話

　　全詩的亮點所在，不是咖啡與茶、與酒有什麼
不同，而在於詩人所感受的那「一晌兒沉默的對
話」，傅予自己這樣說：「『沉默』是語言中的極
致！」他認為飲茶文化讓茶在人際關係上是最能打
開話匣子的首選利器，而眾所共識的「酒後吐真
言」，更讓酒與沉默遙不相涉，唯有獨酌咖啡可以
讓人獨釣一首詩，所以寥寥四行中，寫出了一個「沉
默對話」的另一境界（見《傅予小詩選》自序〈筆
釣一首詩〉）。以此回頭看傅予的第一首詩作〈字〉，
其實已預告了傅予六十年的詩生命，是在小詩與沉
默中度著。2009 年由秀威資訊所出版的《傅予詩選》
（共 123 首），其中第一輯「早期作品」（11 首），
第二輯「銀河一角」（小詩 65 首），第三輯「我送
妳一首小詩」（10 首），三分之二以上的作品均與
本書《傅予小詩選》的內容、編輯，類近、雷同；
《傅予詩選》的副標題為「螢火蟲詩集」，「螢火
蟲」的啟創點當然來自螢火蟲的微光，來自傅予自
己的詩〈螢火蟲〉：「你是天上的星星／為了追尋
一個失落的夢／向人間流浪了」（原載《台灣詩學
季刊》第 32 期，2000 年秋），從星到螢，從天到

地，那流浪、失落與遙遠的旅程，都透露著孤單、沉寂、靜默與落寞；當然也透露出星、螢、詩、夢的微渺。

六十年間傅予只出版三本詩集：《尋夢曲》（1955）、《傅予詩選》（2009）、《傅予小詩選》（2014），小詩的數量偏多，約佔七成以上。《傅予小詩選》書後的附錄：〈為現代詩的形式取模〉，也可以證明他所注意的焦點在小詩的寫作，甚至於注意到小詩的形式設計，在這篇附錄中，他提出十種書寫模式：

模式一：兩段式共同型
模式二：三段式共同型
模式三：多段式全方位共同型
模式四：主題三部曲
模式五：峰迴路轉型
模式六：駱駝單峰型
模式七：演譯歸納型
模式八：一元復始型
模式九：多段式全方位共同型
模式十：非模式的另類模式

如此細分，傅予自己也清楚，並無必要性。以他自己所定模的十種書寫方式，其中模式三與九，名稱相同，例子稍異；模式一至九，是以不同的段落、句型指向單一主題（所謂共同型）；模式十的「非模式的另類模式」，其實已完全推翻前面所舉的九種模式，有這種「非模式的另類模式」，就不

需要最基本的模式了！

　　小詩的定義，台灣現代詩壇已取得普遍的共識：十行以內，百字以下。張默、向明、白靈、傅予，大約均能採用這種說法，羅青以八行為限，林煥彰不希望超過六行，雖將行數下縮，仍然在此一共識之中。此外，有幾位詩人曾有一兩部詩集嘗試固定行數的創作，如洛夫的《石室之死亡》（十行），向陽的《十行集》，岩上的《岩上八行詩》，白靈的《五行詩及其手稿》，蕭蕭的《後更年期的白色憂傷》（三行），瓦歷斯・諾幹的《當世界留下二行詩》，普遍也都以十行為度。至於受日本俳句（Haiku）影響的「漢俳」（三行：5 字、7 字、5字），可以含在小詩中討論；張錯、王添源的十四行實驗，則受西洋商籟體（Sonnet）格律啟發，可能超出小詩研究範疇。

　　當然，以上所述只是行數的自我限定，至於行數的外在安排則尚未有人提出研究，傅予的「形式取模」，算是最早提出取模念頭，但他偏倚的是表現技巧，而非形式安置，形式安置是指行數如何安排，如六行詩可以有六種排列：6 行、5+1 行、4+2行、3+3 行、2+4 行、1+5 行，這六種安排會產生甚麼不同的視聽衝擊、意念迴響？值得採樣研究。以《傅予小詩選》的「四行詩」為例，此輯共收入十三首詩，十三首詩只採兩種模式，一是不分段的四行（6 首）、一是兩段式的 2+2 行（7 首），但四行詩還有 3+1 行、1+3 行兩種模式，傅予小詩未加以刻意嘗試，如〈孕〉這首詩，原先排成不分段的四

行，如果改成 2+2 行、3+1 行、1+3 行，會有更好的
意外效果嗎？

原式：4行

　　一對凹凸基因的伴侶，醉了
　　醉在春天的桃源洞裏
　　醉成你儂我儂的永恆擁抱
　　醉成另一個生命的誕生

A式：2+2行

　　一對凹凸基因的伴侶，醉了
　　醉在春天的桃源洞裏

　　醉成你儂我儂的永恆擁抱
　　醉成另一個生命的誕生

B式：3+1行

　　一對凹凸基因的伴侶，醉了
　　醉在春天的桃源洞裏
　　醉成你儂我儂的永恆擁抱

　　醉成另一個生命的誕生

C式：1+3行

　　一對凹凸基因的伴侶，醉了

　　醉在春天的桃源洞裏

　　醉成你儂我儂的永恆擁抱

　　醉成另一個生命的誕生

　　傅予小詩各種行數俱足，還將自己的小詩選以行數作為分輯的標準，且撰文為現代詩的形式取模，甚至於前舉的〈繁星〉詩例，他也曾作過這種分行試驗，原來「AA版」是不分段的五行詩，「3a版」則分成三段，「爆炸了……」獨立為一段，可見他有意為小詩的寫作提供自己多年撰述的心得。所以，《傅予小詩選》除了將自己六十年來斟酌又斟酌的小詩，集結給大家欣賞，也將自己思索、研究、取模的經歷，金針度人。這份誠意，對於初春剛臨的2014的「推動小詩風潮」工作，應該具有鼓舞作用。元旦假期中，仔細揣摩傅予〈為現代詩的形式取模〉裡所說的「共同型」，發覺傅予所要傳達的應是小詩主題的純一化，換句話說，小詩因為語言淺顯、篇幅短小，不宜旁徵博引、議論深刻，因此不論是一段或多段，都匯向一個共同的主題，不使一首小詩意象散飛、茫無頭緒。其次，傅予這種「共同型」的含意，還在於類疊、對稱、排比等修辭的應用，因句生句，因段生段，以相類近的意象推湧出主題意涵，如「模式一：兩段式共同型」裡〈鄉愁〉這首詩，從第一段流雲的遠望中思及故鄉，對應出第二段，從落葉的近觀中寫下詩句。這種對應式的想像跳躍，對於初學者有著極大的幫助。

　　　〈鄉愁〉

　　天邊飄來一片疲倦的流雲

那白色的畫面，是誰
繪下我故鄉的圖案

林間飄來一張枯黃的落葉
那憔悴的面容，是誰
寫下我無言的詩句

　　這十種書寫模式的推演，都有值得初學者循序
漸進、廣加援引之處，最後能拋除模式，進入「非
模式的另類模式」，獨行俠義，揮灑出自己的天空，
那就無負一個長者六十年的斟酌再斟酌了。
　　積累六十年才成就的一本小詩選，有著通史
性、歷時性的成就，不能以斷代史的火花去勘驗，
因此，《傅予小詩選》的寫作題材，從情愛的嚮往、
性愛的描述、天體的觀察、哲理的體會、國族的想
望、生死的悟通，無不含雜在一起，揉匯於一器。
無形中，傅予也為小詩的習作者上了一課：小詩雖
奈米，卻也可以納入無量大的須彌。語言文字雖有
限，靈魂的翔飛卻可以飛出無限。沒錯，2014，推
動小詩寫作風潮，《傅予小詩選》率先踏出了一步！

蕭蕭寫於明道大學開悟大樓 2014.01